ON ÉTEINT LA TÉLÉ !

Petits Romans

ON ÉTEINT LA TÉLÉ !

NATHALIE CHARLES ✱ LAURENT AUDOUIN

RAGEOT

Cet ouvrage a été imprimé sur un papier issu de forêts gérées durablement, de sources contrôlées.

ISBN : 978-2-7002-5259-0
ISSN : 2551-8003

Chapitre 1

Le défi de l'extrême

Aujourd'hui, moi, Lina, j'ai fait une découverte ahurissante : Alice, la nouvelle de la classe, est une extraterrestre.

Pas une créature verte avec des antennes, non ! Elle ressemble aux autres filles de la classe. Mais elle n'est pas pareille.

La preuve, ce matin, pendant la récréation, Alistair, notre expert en programmes télé, lui a demandé quelles émissions elle aimait.

Elle a eu cette réponse incroyable :

– Chez nous, il n'y a pas la télé.

On l'a dévisagée, stupéfaits.

– Tu ne regardes jamais les dessins animés ni les séries ? s'est étonné Alistair. Et tu es encore vivante ?

– Ben oui ! a ri Alice. Mes parents disent que la télé peut transformer les gens en légumes s'ils ne se méfient pas.

– N'importe quoi !

Alistair semblait aussi vexé que si Alice l'avait traité de vieille salade pourrie. Forcément, il est amoureux d'elle ! (Il croit que c'est un secret, mais ça crève les yeux.) Moi, je détesterais que Théo me traite de courgette moisie. Je ferais tout pour lui prouver que je n'en suis pas une. Parce que Théo…

Bon, enfin, c'est un secret…

Je me creuse la cervelle toute la journée. Et le soir, en sortant de l'école, j'annonce à mes copains :

– On va montrer à Alice qu'on n'est pas des légumes, même si on a la télé chez nous. On va réaliser un défi.

– Un défi lecture ? demande Manon, qui dévore les livres.

– Plus difficile, je réponds.

– Un défi de l'extrême ? questionne Théo, ravi.

Théo déborde d'énergie. Il fait du tir à l'arc le lundi, de l'escalade le mercredi, du judo le samedi et du foot le dimanche.

– Presque, mais ça ne demandera pas d'exploits physiques, je réponds, flattée d'avoir éveillé sa curiosité.

– Ouf ! se réjouit Alistair, qui déteste le sport. Il faut faire quoi, alors ? Gagner un maximum de points à un jeu vidéo ?

Alistair aime les jeux vidéo autant que la télé !

Je les regarde et je dis :

– Non. On va se passer de télé pendant une semaine.

Les copains m'observent, pétrifiés.

– Elle est nulle ta blague, Lina, lance Alistair, le sourire de travers.

– Ce n'est pas une blague. C'est une expérience. Vous êtes d'accord ?

Théo approuve.

– J'adore les défis !

Manon accepte aussi. Du moment qu'elle peut lire !

– Alistair ?

Le pauvre ! Dans sa tête, Alice et la télé se livrent une sacrée bagarre. Il en loucherait presque.

– D'accord, soupire-t-il enfin. Mais on ne commence que lundi. Il faut que je fasse des provisions d'images pendant le week-end !

Chapitre 2

Le club des « sans écrans »

Ce matin, au moment d'allumer la télé, mon cœur se serre. Je repose la télécommande. Quelle idiote d'avoir lancé ce défi !

Mais je pense aux autres « sans télé », surtout à Théo, et ma volonté revient. Et puis j'ai envie de vérifier si je ne suis pas devenue un légume sans le savoir.

Maman a promis de m'aider.

Elle tient parole.

Au lieu de consulter Internet avant de partir au travail, elle bavarde avec moi. Du coup, j'oublie les dessins animés.

– Invite tes copains pour le goûter, propose-t-elle. Vous ne penserez pas à la télé si vous jouez ensemble.

Bonne idée !

Dans la cour de l'école, Tanguy, un autre fan de télé, discute avec Alistair.

– Quoi ? Tu n'as pas regardé l'épisode de ce matin ?

Tanguy et Alistair ne louperaient pour rien au monde *Kityo,* leur série favorite. Alistair secoue la tête fièrement.

– Puisque je te dis que non ! Je me passe très bien de la télé, moi. Je ne suis pas un légume, moi, dit-il en haussant la voix pour qu'Alice l'entende.

Et ça marche. Elle se retourne et lui sourit. Alistair devient tout rouge. Peut-être qu'il n'est pas un légume, mais il ressemble drôlement à une tomate !

Lia et Lou, les jumelles, s'approchent de moi.

– Lina, Manon nous a parlé de votre défi. On peut y participer ?

– Bien sûr ! Bienvenue au club des « sans télé » !

À la fin de la matinée, toute la classe est au courant de notre défi. Tanguy et d'autres parient qu'on ne le réussira pas.

C'est ce qu'on va voir !

Après l'école, j'emmène les « sans télé » à la maison. Papa, qui est rentré du travail, nous prépare des crêpes et des gaufres.

– Bon, on fait quoi, maintenant ? s'impatiente Théo, qui manie la poêle comme une raquette de tennis.

– C'est pile l'heure de notre série, soupirent les jumelles en glissant un œil sur la télé éteinte.

– Et si on jouait à la Wii ? Ou sur l'ordinateur de tes parents ? propose Alistair. Ce n'est pas comme regarder la télé.

– Le défi deviendrait trop facile, lance Théo.

Je suis d'accord. Ce n'est pas glorieux de se priver de télé si c'est pour passer son temps devant une console ou un ordinateur.

– Théo a raison, je déclare. Ce sera une semaine « sans écrans ». On n'est pas des légumes, rappelez-vous.

J'ajoute avec conviction en voyant l'air lugubre d'Alistair :

– Et maintenant qui fait avec moi une partie de cache-cache dans le jardin ?

– Lina, tu es géniale ! hurle Théo en se précipitant dehors.

Tout le monde le suit. Chacun compte à son tour. Théo remporte le prix de la meilleure cachette : il a réussi à se rendre invisible en se glissant entre deux buissons touffus.

Quand l'heure de se quitter arrive, Alistair s'exclame :

– Déjà ? Le temps a passé vite !

– On s'amuse trop bien avec ce défi ! approuvent les jumelles.

– Oui, mais il faut continuer ce soir, je déclare. Sans aucun écran.

– Pas de problème, assure Théo.

Même Alistair hoche la tête d'un air convaincu.

Je n'aurais pas cru que ce serait aussi facile !

Chapitre 3

Des ennuis en série

Ce matin, Tanguy nous attend avec impatience.

– Alors ? Vous résistez ? ironise-t-il.

– Super bien, je réplique, agacée.

Je préfère ne pas avouer que ma série m'a beaucoup manqué. Mon jeu sur ordinateur aussi.

Alistair n'a pas l'air dans son assiette.

– Qu'est-ce qui t'arrive ? je demande.

Il hausse les épaules, boudeur.

– J'ai proposé à mes parents de dîner sans regarder la télé. Maman était d'accord. Mais papa a exigé de voir les informations. Du coup, ils se sont disputés et se sont fait la tête toute la soirée. J'ai mangé à la cuisine avec maman.

– Les miens aussi se sont disputés, raconte Théo. Papa voulait ranger la télé dans le garage, mais maman a refusé.

– À cause de ses émissions favorites ? interroge Manon.

– Non. Elle dit que la télé est le seul moyen pour que je me tienne tranquille quand elle prépare le dîner, surtout si papa rentre tard de son travail.

– À la maison, nos parents font le défi avec nous, déclare Lou. Ils éteignent leur tablette et leur ordinateur…

– … pour les rallumer quand ils nous croient couchées, poursuit Lia en riant.

Des OH ! indignés s'élèvent.

– Il faudrait que les adultes nous aident au lieu de nous mettre des bâtons dans les roues ! soupire Alistair.

Théo s'emballe :

– On va cacher les télécommandes ! Démonter les antennes ! Débrancher les câbles !

Théo devrait être alpiniste plus tard car les montagnes d'ennuis ne lui font pas peur. Moi, ça me donne le vertige.

– J'ai une meilleure idée, je déclare. On va leur trouver des occupations. Avec nous. Et sans écrans !

Chapitre 4

Un mercredi du tonnerre

Aujourd'hui, c'est mercredi. Pour soutenir notre défi, le papa de Théo, en congé, l'a aidé à organiser une randonnée en VTT dans la forêt. On se retrouve à onze heures. Alistair ronchonne :

– Je déteste le vélo. Je déteste être dehors.

Je sais pourquoi Alistair est de mauvaise humeur. Alice n'a pas pu venir, elle a son cours de danse.

Théo nous ouvre la porte. Il a un gros pansement au doigt.

– Attaque de légumes, explique-t-il en riant. Hier soir, j'ai préparé le pique-nique avec maman. Je me suis coupé en épluchant les carottes.

– Ça fait mal ? je demande.

– Même pas, dit-il fièrement.

Il est courageux, Théo !

– Nous, on a entraîné nos parents dans une méga partie de Monopoly, expliquent les jumelles. On s'est couchés super tard ! Ils étaient trop fatigués pour allumer la télé ou l'ordinateur en cachette.

– Et les tiens, Alistair ? Ils se sont réconciliés ? questionne Manon.

– Oui. Mais on n'a rien fait ensemble, ils avaient du travail. Ils n'ont pas quitté leur ordinateur de la soirée.

– Comment tu t'es occupé, alors ? je m'inquiète.

– Je n'ai pas regardé la télé, je n'ai pas touché à ma console. J'ai ré-flé-chi, dit-il d'un air important.

On se regarde, impressionnés.

Le père de Théo donne le signal du départ. Les jumelles foncent derrière lui.

Théo et moi, on explique à Alistair comment jouer avec les bosses du sentier. Manon pédale en nous racontant le dernier livre qu'elle a lu.

Le vélo, ça creuse ! On s'installe sous les arbres pour pique-niquer. Les sandwiches aux carottes de Théo sont délicieux.

Soudain, deux cyclistes apparaissent sur le chemin. Une dame et…

– Alice ! s'exclame Alistair.

Il était tout rouge à cause du vélo, et ça ne s'arrange pas…

– J'apporte le dessert, dit-elle en désignant un panier attaché au porte-bagages. Maman a fait un gâteau au chocolat.

Tout le monde la remercie. Le père de Théo propose de raccompagner Alice chez elle en fin de journée et sa maman repart.

Quand nous reprenons nos vélos, vers quatre heures, le ciel est devenu tout noir.

– Vous croyez qu'il y a des bêtes dans ce bois ? demande Manon, peu rassurée.

– Mais non, riposte Alistair, d'excellente humeur. Juste un ou deux monstres.

À cet instant, un roulement de tonnerre ébranle le ciel. La pluie se met à tomber. Trempés jusqu'aux os, nous pédalons à toute vitesse derrière le père de Théo.

– J'habite tout près, dit Alice. Vous pouvez attendre la fin de l'orage chez moi.

On accepte avec joie. En plus, c'est la première fois qu'on va chez elle.

Le père de Théo nous accompagne.

Une heure plus tard, on a découvert des choses surprenantes.

Chez Alice, il n'y a pas la télévision. Mais, dans son salon, un grand écran blanc déroulable est fixé au mur. Grâce à un vidéoprojecteur, elle peut regarder des films avec ses parents, comme au cinéma.

– Je vous inviterai, promet-elle. Une projection entre amis, ce sera génial !

Écarlate, Alistair bafouille un merci. Alice l'a vraiment « tomatifié » !

Chapitre 5

De la pub pour les « sans écrans »

Ce matin, en arrivant à l'école, je tombe nez à nez avec Alistair.

– Hier, on a dîné sans la télé ! annonce-t-il. Au début, c'était bizarre, personne ne parlait. Et j'ai raconté notre après-midi. C'était trop bien ! Papa m'a même proposé de faire des balades en VTT le week-end.

– Moi aussi, j'adore le vélo, déclare Alice.

– Si tu veux, viens avec nous, répond Alistair.

Cette fois, j'ai DEUX tomates sous les yeux.

Tanguy regarde Alistair, ébahi.

– Et notre série ? Ça ne t'intéresse plus ?

– Ben si… La preuve, j'adore quand tu me racontes les épisodes que je rate.

Tanguy se rengorge.

– Finalement, je t'aide à le réussir, ton défi, dit-il à Alistair.

– Tu ne veux pas essayer de te passer d'écran, toi aussi ? je propose. Jusqu'à demain seulement. Je suis sûre que tu y arriverais.

– J'ai peur de m'ennuyer…

– Viens jouer au foot avec nous ce soir, suggère Théo.

– Et ce n'est pas aussi nul qu'on croit de s'ennuyer, renchérit Alistair. Ça donne des tas d'idées nouvelles.

Alice lui adresse un grand sourire « tomatifiant ».

– Bon, je veux bien essayer, déclare Tanguy.

Après la cantine, la maîtresse nous annonce que nous allons regarder un DVD sur la préhistoire.

Tanguy lève la main.

– Oui, Tanguy ?

– Je ne peux pas regarder la télé, madame.

La maîtresse le dévisage avec stupéfaction.

– Ah bon ? Et pourquoi ?

– À cause du défi. Je dois tenir jusqu'à demain.

Nous pouffons de rire. Tanguy s'est inscrit très tard au club des « sans écrans », mais il est archi motivé !

– Un défi ? Quel défi ? demande la maîtresse.

Nous lui racontons chacun à notre tour notre expérience.

Du coup, elle organise un débat sur les écrans et elle reporte la séance vidéo à la semaine prochaine.

– La télé et l'ordinateur sont des outils formidables pour apprendre ou se distraire, conclut-elle. Il faut simplement veiller à ce qu'ils ne vous fassent pas oublier la vraie vie et vos amis.

Alistair regarde Alice. Je me retourne vers Théo.

Oublier la vraie vie ? Aucun danger !

Chapitre 6

Les « sans écrans » à la télé

D'habitude, le samedi, il n'y a pas classe. Mais ce samedi n'est pas un samedi comme les autres.

La maîtresse a parlé de notre défi au directeur, qui a eu une idée géniale !

Il a décidé d'organiser un samedi « sans écrans » pour l'école. Il y aura des jeux, un tournoi de foot.

Et, le soir, la fête se terminera par un grand buffet avec musique et karaoké.

La classe s'est donné rendez-vous pour tout préparer.

– À tout à l'heure, les parents !

– À tout à l'heure, Lina, répond papa, qui aide maman à confectionner des pizzas pour le buffet géant.

Nous passons la matinée à décorer la cour et le préau.

Tanguy sifflote.

– La télé ne te manque pas ? je dis.

– Oh non ! C'est trop bien d'être avec les copains. Et puis j'ai demandé à ma mère d'enregistrer ma série.

Si Tanguy peut choisir le moment où il regardera la télé, c'est qu'il n'est pas un légume !

Les parents arrivent par petits groupes et discutent. Ils se lancent même des blagues quand l'un d'entre eux consulte son téléphone portable, parce que c'est un samedi « sans écrans ».

Puis le directeur prononce un discours. Il a parlé de notre défi à tous ses collègues et d'autres écoles veulent tenter la même expérience.

– Puisque c'est toi qui as eu l'idée du défi, Lina, ajoute-t-il, je te nomme ambassadrice du projet. Tu iras dans les classes pour expliquer en quoi cela consiste.

– D'accord ! Mais les « sans écrans » m'accompagneront, je déclare.

Tout le monde applaudit. Théo m'adresse un clin d'œil.

Entre les jeux et le tournoi de foot, l'après-midi passe à toute vitesse. Soudain, Manon s'exclame :

– Regardez, des invités !

Deux personnes traversent la cour.

Le directeur se précipite vers elles.

– Papa a des amis journalistes, me souffle Alice. Quand je lui ai parlé des « sans écrans », il a dit que ça ferait un reportage formidable et il a sauté sur le téléphone.

Je n'en crois pas mes oreilles.

– Tu veux dire que…

– Oui ! Vous allez passer à la télé ! C'est rigolo, non ?

C'est très excitant d'être filmés et interviewés ! Le reportage sera diffusé demain midi aux informations régionales.

– Comment tu feras pour le voir ? demandent les jumelles à Alice.

– Alistair m'a invitée. Mes parents veulent bien que j'aille chez lui de temps en temps, pour jouer à la console ou regarder la télé.

– Et vos balades en VTT ? je demande.

– On en a prévu, affirme Alistair. Comme ça, aucun risque de devenir des légumes !

Hum… Sauf des tomates, bien sûr !

– Au fait, ajoute Alistair, j'ai une nouvelle idée de défi pour toi, Lina. Tu devrais inviter Théo à danser ce soir.

Je le regarde, bouche bée.

– Moi ? Inviter Théo ? Pourquoi ?

Alistair et Alice éclatent de rire.

– Vous deux, ça crève les yeux !

Devinez en quel légume je me transforme ? Mais peu importe !

J'adore les défis. Surtout quand je les relève avec Théo !

L'AUTRICE

Quand **Nathalie Charles** était petite, il n'y avait qu'une seule chaîne de télévision et les ordinateurs n'existaient pas. Heureusement qu'il y avait les livres et les balades à vélo !

Maintenant, elle adore regarder des séries. Mais elle vérifie qu'elle ne se transforme pas en légume ! Et si elle passe beaucoup de temps devant un écran, c'est pour écrire des histoires. Afin que ses lecteurs ne deviennent pas des courgettes moisies, bien sûr !

L'ILLUSTRATEUR

Diplômé des Arts appliqués, **Laurent Audouin** a publié bon nombre d'albums pour la jeunesse et a obtenu plusieurs prix pour ces publications (prix Chronos, prix des Incorruptibles, prix Molière, prix Cordage). Ses albums sont traduits à l'étranger et il espère que les petits lecteurs chinois, mexicains, grecs et d'autres pays prennent aussi beaucoup de plaisir à rentrer dans son univers coloré.

Souvent sollicité, mais jamais rassasié, Laurent Audouin se rend très souvent dans les écoles primaires et dans les collèges pour transmettre sa passion en montrant toutes les coulisses de ses albums.

Avec *On éteint la télé !*, il s'est bien amusé à faire vivre ce groupe d'enfants, plein d'idées pour gagner leur défi !

Découvre les histoires de la collection

Petits Romans

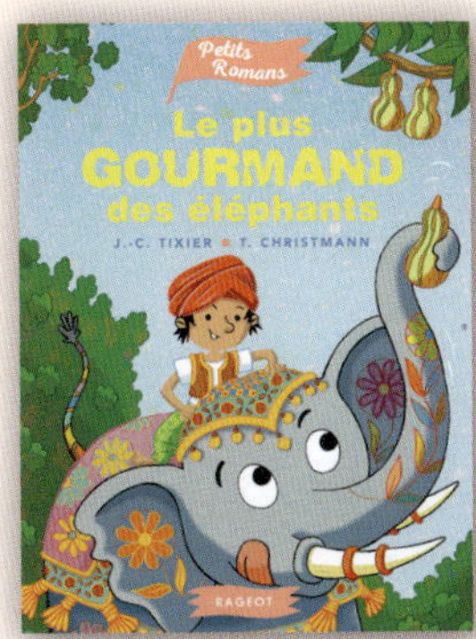

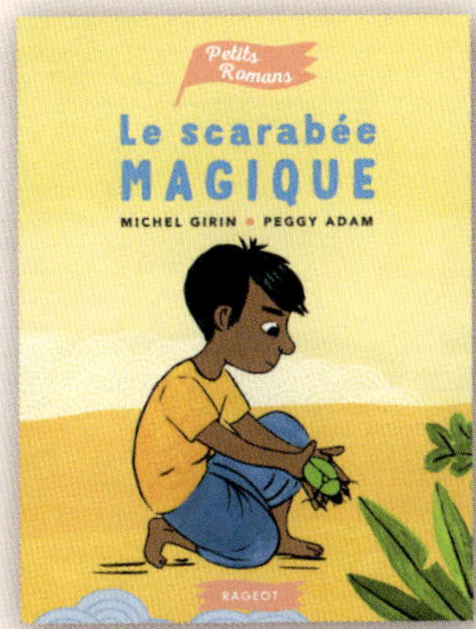

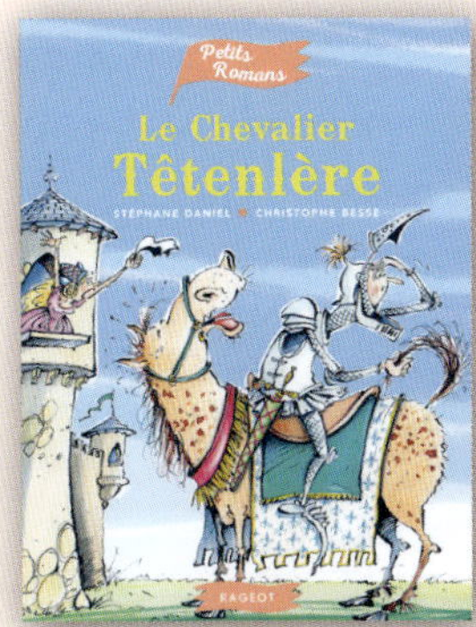

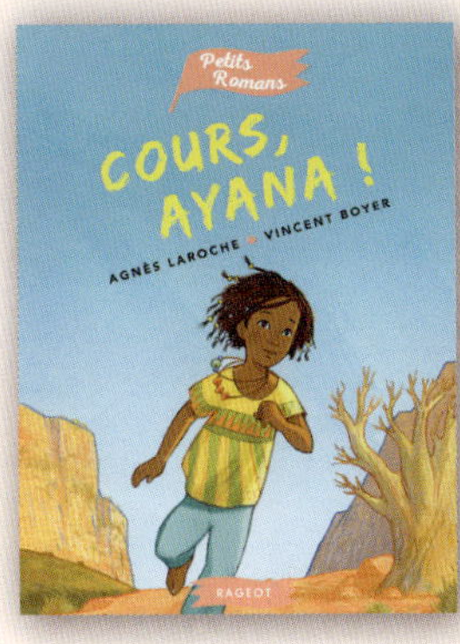

RAGEOT

www.rageot.fr

PAPIER À BASE DE
FIBRES CERTIFIÉES

RAGEOT s'engage pour
l'environnement en réduisant
l'empreinte carbone de ses livres.
Celle de cet exemplaire est de :
450 g éq. CO_2
Rendez-vous sur
www.rageot-durable.fr

Achevé d'imprimer en Espagne en mai 2019
par l'imprimerie Macrolibros, Valladolid.
Dépôt légal : février 2019
N° d'édition : 5259 – 03